시인 김 상 섭

無情說法

김상섭 시집

시 와 사 람

국립중앙도서관 출판시도서목록(CIP)

無情說法 : 김상섭 시집 / 지은이: 김상섭. -- 광주 :
시와사람, 2014
p. ; cm. -- (시와사람 서정시선 ; 040)

ISBN 978-89-5665-411-9 03810 : ₩10000

한국 현대시[韓國現代詩]

811.62-KDC5
895.714-DDC21 CIP2014030834

오늘의 언어

김상섭

카오스가 울부짖는
혼돈의 질서 속에、오늘도
여정의 행진은 계속 된다

어제가 오늘이며
내일이 오늘인
윤회의 경계에서

속진에 흠뻑젖은
무명의 옷을 벗어내리기 위해
무소의 뿔처럼、오직

혼자서 걷고 있다

無情說法

■ 시인의 말

心王을 찾다

빗장이 없는 문은 안과 밖이 없다

自性은 본래 청정무구하여 어디에도 걸림이 없다
하기에, 구름도 자고 가고 바람도 쉬어 간다
온갖 나그네들 쉬어가도 흔적이 없다

오로지, 스스로 마음의 빗장을 걸었다 열었다 할 뿐

이르는 곳곳이 淨土가 아닌 곳이 없으며
보이는 모든 物物(有情物이나 無情物)이
眞如(聖)가 아님이 없다

형상도 없어 그려낼 수 없는, 마음이라는
허깨비언어(번뇌 망상)를 산화시켜버림이 下心인 즉
兩변(상대적인 것)을 다 여읜

긍정과 포용은,
아름다운 세계를 창조하는 근원적 샘물이다

行함이 없이 行하여
밀밀히 스쳐가는 바람처럼
소리없는 백합의 미소처럼
그저, 흘러갈 뿐이다.

2014년 無心川에서
김상섭

차 례

無情說法 2

3 자화상

오늘의 언어 4

1

江은 흐느낀다

江은 흐느낀다

덧없는 유랑길에 몸부림치는 저 강물아!

냉혹한 동토에 생육의 법칙은 비켜가고
혼탁한 맹독가스에 몸서리치는 江은
미혹하고 연약한 비련의 생명체들을
온 몸으로 꼬옥 싸안은 채, 오늘도
숨통을 막는 고통에
가슴을 찢기고 또 찢기며
흐느끼며 흐르고 있다

紅梅

정교하게 뻗어 나간 가녀린 가지에
망울진 한 세월이 차분히 서려 있다

유유히 흘러 가버린
어젯날의 차디 찬 시간 속에서
한 시름 턱에 괴고 눈자림 하노라면
영원으로 이어지는 담홍의 丹주들

들숨 날숨 조화로 삼계를 밝힌다

가랑잎

사시장철 어느 곳에나 엎드려
뒹굴고 있습니다

하찮은 百八舞이지만
수륙 만 리 길 청천하에
걸림이 없습니다

이르는 곳곳이
놀이터이기에

가을은

결실의 기쁨만 있는 것이 아니다

뼈살 갉아 낭자한 핏빛 머리카락 흩날리며
절규하는 갈대의 슬픔도 있다

한정된 짧은 황홀의 紀원을
탄식하면서 말라 비틀어져가는
色身을 놓아버리고, 또 다른
역사를 풀어내기 위해
대순환의 섭리에 젖어드는
야생화의 순응도 있다

우주의 소리로 장엄한
아름다운 계절이다

춘일서곡

감미로운 동풍을 싸안고
운무 사이로 쏟아지는 붉은 햇살

잔잔한 바다가 꿈틀거린다
씨줄 날줄이 춤을 춘다

출렁이며 반짝이던 작은 생명들
탄생의 비밀을 은밀히 감춰버린다

일월성진이 숨어버리고
혼란의 망막을 덧씌울 때, 팽팽했던
검붉은 하늘이 찢어지며
청정한 자양수가 쏟아진다

부글부글 들끓는 황토의 누런 소리
황토의 환희가 출렁일 때

연록이 요동치며
싱그런 서곡을 토해낸다

춘몽

대순환의 사슬에 맺힌 봄날의 움직임들

강 건너, 포플러의 파릇한 이파리들
작열하는 햇살에 일장춘몽을 노래하고, 멀리
하늘거리는 아지랑이 머리카락 사이로
흐릿한 산봉우리들의 밀어가 춤을 춘다

오밀조밀 들어앉은 초가지붕들, 그 위로
어머니의 자장가가 잔잔히 피어오르고 있다

봄은 그렇게 오고 있었다

가을의 노래

알곡 일렁이는 황숙의 소리

보송보송 흩갈리며
애틋이 손짓하는 석양 노을에
그리움이 더욱 깊어가는 계절

어느 한 날, 두견이
고적한 울음으로 푸르름 수 놓을 때
알밤 벌어진 시간 위에 아스라진
여린 회한도, 이슬 머금은 싱그런 생기로
또 다시 진동하리니

잔잔했던 심박 속에서
오래 긴 숙연함으로 생성된 공능이
산정에 이는 갈바람타고

황숙의 출렁임 속으로
승화되어 가고 있다

우주의 별이기에

새의 눈물을 볼 수 없듯이
꽃의 웃음소리를 들을 수 없듯이

그대의 心곡에 흐르는 물소리 또한
들을 수 없다

그러나, 계절풍을 느낄 수 있듯이
꽃숲의 황홀을 느낄 수 있듯이

우리는, 본래 청정하게 빛나는
우주의 별이기에
서로를 느낄 수가 있다

야생화 언덕에서

강렬히 치닫는 감각의 열망에서
야녀리게 피어오른
붉노오란 언어들

길지 않은 여정의 길목에
밝맑게 피어나

심혼을 밝혀주는
환희의 종소리여

나목

눈보라 광풍에도 초연한 고독자

창유리에 응결된 세월을 말해주는
침묵의 증언자여

냉혈이 수 없이 역류하는 순간마다
바둥대는 잡다한 태동 속에서도
벗어버린 채 서 있는 초월자이러니

거칠게 부릅튼 각질의 피부 속, 그 속에서
은밀히 조작되고 있는 활법은

풍요로운 수액의 날을 위해
자락을 여미고
삼매에 들었다

부두에서

방파제를 때리는 역사의 소리

그것은
내 혼과
내 조국의 절규

그러나 끝내
따스한 품에 안아보지 못한 채
오늘의 悲가로 장식되어가는
노도, 노도는
이 밤도 지새며 몸부림 친다

산

위로 켜켜이 아래로 포근하게
형형한 소리 머금고 내려 앉은
태초의 젖무덤

청솔바람 새소리도 결 곱게 일렁여
마음 밭에 실어주는 神琴의 율조여

회도리 역풍도 웅대한 품으로 끌여 삭혀
적멸락에 이르니

줄기차게 뻗어내린 등선 또한
도도하련만
밑자락 길게 접어여민
순리의 구도여

바람

바람은 어느 때, 어느 곳에서나
불어 올 수 있다. 그러나

아름답지 못한 바람은
뭇 인간의 사슬을 끊어버리고
불순한 잉태를 이룬다
가슴이 찢어지는 뇌電이 꽂히고, 잔잔한
세상바다를 뒤집히게 하여, 세기를
대 환란의 늪으로 만들어 버린다

그래서 그 야릇한 바람은
얼굴이 없다

21세기 종다리

난무하는 바람의 심장에
하얀 귀를 대본다

정령의 사랑이 아닌 날카로운 쇳소리
오장육부가 뒤집히는 비릿한 메스꺼움이나
광마의 맹독가스가 울부짖는다

미끈한 꼬리의 각선미도 없이, 어느 곳에서나
혼절, 흔들어대는
뒤틀린 이 시대의 변괴들

향수어린 시냇가 모래성 적멸보궁에서
푸른 꿈을 키우던 종다리의 오색화음
금빛살 타고 흘러, 지금쯤
탄생의 탯줄을 잘 키우고 있는지

홍련화

–숨어버린 시간의 뒤안길에서

밤마다 까마귀 부리에서 피어나는 홍련화

십이尺 솟을대문 삭은 설주에
그 아버지의 통곡이 서려 있었다

폐쇄된 뒷뜰 정원엔, 하늘의
검은 구름도 내려와 있었다

불온한 사상의 범죄자로 누명을 쓴 아버지는
성긴 핏대가 터졌고, 어머니까지
불귀객이 되어버린 천애의 고아 효심이

스무 해를 돌배처럼 살아온 그는 보았다
삭아내린 대리백통하며, 사지가 게처럼 오그라진
그 민경 아저씨의 천벌을

곱게 피어나야 할 어린 꽃가슴에서는
검붉은 피가 터져 나오고, 매일

한숨으로 가득, 넋을 달래며
폐가 안방에서 무당처럼 살아가는

애처로운 효심이
밤마다 까마귀 부리에 맺히는
紅蓮華만 따 먹고 있다는데

나주의 찬가

-여명

천문이 열린다
누런 황소울음 터뜨리며, 동천문이 열린다

신묘하게 영글거리는 찬란한 황금 빛살이여!
가야산 문필봉에 거대한 횃불로 솟아올라
천 년의 비색을 자랑하는 금성의 산하에
청보리 출렁이는 풍년가를 드높이자

우리 모두 설레이는 가슴으로 손에 손을 마주잡고
너와 나 하나되어 古都의 찬가 불러보자

아흔아홉 굽이굽이 휘돌아 흘러
옛 임 그리운 영산나루 황포돛배

영산강 숨소리로 현현하신
거룩한 선현들이시여
자자손손 삶의 지혜 일깨워 주심은
천고에 길이길이 형형하리오다

훈훈하고 기름진 아름다운 비단골에
황금물결 출렁출렁 가슴가슴 하나되어
넓은 사랑으로 싸안고 따뜻한 정으로 보듬으니

새 날의 고동소리 힘차게 힘차게
풍요로운 제국으로, 평화의 제국으로
출항의 돛을 올리자 높이높이 올리자

2

無情說法

百八舞

칠흑의 어둠이 내리면, 창유리에
태곳적 옛 임이
광명을 발산하는
여의주를 흔들며 손짓한다

은밀히 간직했던 비상의 나래를 펴고
내밀한 그곳까지 날아든다

안온한 오온(五蘊)*이 心혼을 감싼 채
마음이 다 해버린 그 자리 그 곳에서
백팔무 수놓으며 조요로히 활공한다

* 오온(五蘊) : 세계를 창조, 구성하고 있는 다섯 가지 요소(色, 受, 想, 行, 識)

윤회의 덫

침묵으로 장엄한 출근길 위에
富榮의 상념이 줄기차게 흐른다

저마다 재촉하는 生의 발길들

낮과 밤이 혼돈으로 얼룩진 변괴들 사이로
또 다른 영욕의 근거지를 탐하는
비천한 그늘이 함께 드리워진다

해어름 저물녘
허우적이는 오욕락의 정원에
윤회의 사슬이 허허로이 맴돌며
시나브로 내린다

開天寺에서

오늘도, 현란스런 늪을 지나는 나의 궤적

청솔바람 振子 속으로 허물어질 때
청초하게 드러낸 개천골 저수지
전율 한다

따스하게 내려쏟는 햇살 타고
금빛 소리로 솟구쳐 오른
잉태한 잉어 한 마리, 허공에
각인된 허상 하나 남기고
침몰해 간다

앞산 숲속의 방랑자, 멧새의 눈물
솔잎 끝에 방울 맺힐 때
우려로 싸안은 산자락의 다情도
깊은 침묵으로 주시한다

번뇌의 빗장 속에서 1

–까만 밤새

까만 살갗에
까만 너울을 쓰고
까만 어둠에서
까만 신음을 하는
까만 밤새여

까맣게 알 수 없는 너를 따라
까만 몽유자 되어
까만 어둠을 가르다 보면
착잡한 내 여울에, 하염없는 비가 되어
비 되어 내렸더니라

번뇌의 빗장 속에서 2

-낙도

내 가슴 때리는, 낙도에
비가 내린다

가버린 날과 내일 날의
웃음과 눈물을 안은 채

푸른 혀가 날름거리는
파도의 날에도
구슬 같은 땀을 흘려
유리알 사연이 쫙 깔리는
해명한 바다의 날에도

내 가슴 때리는, 낙도에
비가 내린다

無孔笛*

고동이 찢어지는
부두의 밤이 취한다

가무스레한 수평선 위로
희미한 깃발 하나 펄럭인다

바다의 끝자락에 맞닿은
공허한 하늘 벽, 모든
시비 분별이 사라져버린 곳

구멍이 없는 피리 빗겨 불며
석녀가 춤을 춘다

*무공적 : 나옹선사 「토굴가」 中에서

尋牛圖 1

임 지나치는 목거지에
기다리는 마음 행여나 하다가

절망에 가까운 시간이 온다면
그토록 구슬피 울지 않을까요

늦은 밤
고목가지에서 우는 부엉이처럼

尋牛圖 2

대지가 울고
밤이 흔들리는
착잡한 어느 한 날

가뜩이나 찾는 맘 빗겨 가버린다면
사무치게 그리운 임을 찾아
이 밤도 지새우리라

尋牛圖 3

임이시여, 지금 내 맘속에는
환희로움으로 가득 차 있습니다

어느 한 때라도
아늑하지 않는 시간이 있게 된다면
무량한 임의 광명 속에
무극화로 빛나렵니다

니르바나(열반) 1

낮과 밤을 딛고 일어서서
애증의 회색 그림자를 지워버리고

오욕칠정에 찌들린
감각의 욕망을 벗어버린 자여, 그대는

안온하게 자재로운 無心의 희열자이리

니르바나(열반) 2

길섶에서 스삭이며
존재의 무상을 온 몸으로 노래하며
나뒹구는 낙엽들

귀뚜리의 청아한 오도송에
江물로 낙하한 星운들도 있다

無情說法

-자연은 그렇게

태초부터 이 곳에 있었다

어느 날, 풍우조화로 굴러 떨어져
어울리지 않게 검은 속살을 뽐내던
쪼개진 바윗돌

내부에서 울림이 일기까지
얼마나 많은 날들이 흘러야 했던가

아무도 가까이 하지 않던 바윗돌

그 하얀 외로움을 달래주던 바람은
소리없이 이끼를 물고 왔고, 정수리에서는
이름 모를 산새들이 조잘거렸다

솔바람 그늘이 드리워진, 아늑한 그 품에는
천 년의 숨소리가 진동하고 있었다

一切唯心造 1

야. 이눔아!
워째서 자꾸 남의 탓만 하능겨!

니 맴 속에서 헐떡거리는
그 도깨비 같은 놈을 잘 다스리란 말여!

이. 허깨비 같은 녀석아!

一切唯心造 2

야반삼경

창문에 드리워진 둥그런 만월이
가슴에 파고들어

니 마음을 보라 하네

淨土로 가는 길

1
온갖 푸르름으로 뒤척이던 한계절 성화도
한 조각 구름에 얹혀 광섬유를 발하며, 애절히
소쩍새 눈물만 남기고, 서녘으로
깊이 잠기어 간다

풀벌레의 애상에 부풀어 젖은 시구들
어지럽게 찍혀
삼천대천세계를 넘나든다

둥그런 만월이 휘황한 령光을 뿌릴 때, 옛 사람이
옥피리에 무애가를 실었다는
적멸보궁의 율조가
서늘한 밤 바람 타고 귓전에 인다

2
마음을 열어 아래로 내려 놓아라
오욕칠정으로 뭉쳐진 욕망의 덩이
그 비천한 탐욕의 그물을

번뇌의 고통이 몸부림 치리라. 그러나
결결이 청대바람 일어
三昧의 향기 그윽 하리니
나(相)를 멸함에 참된 생기 돌 것이며
밝은 눈 틔어 참됨을 보리라

청정무애한 연꽃 향음 十方에 그윽하리라

眞容妙有를 찾아서

날선 칼바람이 침몰하는 한빙지대, 냉혹히
천 길 깊이 결빙 되어버린 천 년 호수

톱니의 형상으로 에워 둘러싼
빙산들의 억지스러운 기염, 그 위에
불순한 잡기를 녹여 내릴 듯, 강렬하게 이글거리는
태양의 햇살이 작열하고 있다

핏발로 당기는 시위
정통으로 내리 꽂히는 火핵

폭음과 함께 쏟아지는 얼음 조각들, 천 년을
멈춰진 진자 속에 갇혔던 眞空열차
無변의 쇳바람을 일으키며
가속이 붙는다

3

자화상

자화상

고적한
밤을 노래하는
부엉이여

천길 늪에서
흘러 나오는
절규여

망망 대해에
떠 있는
목선이여라

思母曲 1

나무 등걸에서 소스라치며 나동그라지는 불협화음
문득, 숙면에서 깨어난 갈색 흔들림 하나

붉은 저녁 노을타고 떠나버린
어머니의 넋이 되어
실핏줄 한 몸으로 바둥대는 애틋한 그리움

언젠가, 싸륵싸륵 쌓이던 하얀 야반삼경에
차분한 미소로 여린 손을 꽉 잡아주시던 그 손길

천 년의 한이 피멍으로 응어리졌던 가슴
속절없이 가버린 그 시절

이제, 푸른 계절의 시간 속에서
사모의 그리움은
우주의 빛으로 찬란히 빛나리

思母曲 2

달빛 차가운 가을 밤

서쪽으로 날아가는 외기러기
또록한 눈망울에
착잡한 우수가 서려 있다

거치른 세파에 꺾이어가던 풋여린 가지들
청정사랑 무변의 안쌈으로
아린 상처 어루만지며
애절히 삭히시던 그리운 어머니

쭈그렁 양볼에 회한의 줄기 파도칠 때
파릇한 눈트임 불러 일으키던
그 다독임은

오늘도, 내 안의 밝은 빛으로
가득히 차오르고 있다

思母曲 3

연분홍빛 가셔버린 창백한 그 얼굴

겹겹이 늘어 포개져 흘러내린
풀지 못한 타래 사연들
혼불로 삭혀 다져 적멸에 드셨네

무지개빛 향내음 온후하신 그 사랑
푯여린 마디 다독여 키워내시고
속절없이 휜 허리 괭이 손으로 감싼 채
무량光 받아들여 정토에 이르시니
뻐꾹새 둥지 깊은 골에 극락조 날아드네

담배 연기

아직 눈에 덮이지 않은
계곡의 바윗돌은
물의 사이를 지나고
바람의 사이를 지나는 앙상한 나목들의
움직임 소리 나열장이 있다

바윗돌에 걸터 앉아
오늘의 의미를 담아, 무심코
간 날과 올 날을 그려본다

그러나 그것은
존재의 무상함을
제 나름대로 흩날리며
홀연히 사라질 뿐이다

오직, 그 뿐이다

무더기 가운데 한 떨기
무엇인가 알 수 없다던 그 날

한 잎이 트이려는 진통, 그것은
기어이 겪어야만 되는 것이리라

그것들, 그것만이 내가 할 수 있는 것이라면
나의 본래 모습을 보는 것
오직, 그 뿐이다

메커니즘 위에서

-그리운 문명의 까치

1

카오스의 장막에 묻혀 일그러진 디엔에이들

녹슨 철판 문명에 받혀 촉수 떨어진
발광의 근거점, 심장에
곱게 놀랄 참빗 바늘 몇 개 꽂고
뜨거운 가슴 숯불 붙여
소리 높은 활화산

벌겋게 달아오른 용암 한 줄기
누렇게 익혀
천태에서 해동의 창까지, 각인된 내력으로 굴러
어느 목 쉰 땅 정수리에, 거센
恩모의 발광체로 우뚝 서려나

2

스모그로 가득한 눈시울
뺨에 흐르는 뜨거운 우수, 나는

어느새 침울한 토르소가 되어 버린다

3
태풍이 지나간 아침
완숙된 경련으로 서 있는 나뭇가지 사이
붉은 태양이 걸치면

하얀 까치 한 마리 푸드득
여명의 햇살 타고 가슴 속 깊이
날아 오른다

방파제

회색의 대지는 어둠으로 깔리우고
별빛도 먼 혼이 되어버린 밤

어둠의 축제 위에 내리 꽂힌
시퍼런 번개칼
지표가 벗겨질 듯 흔들리는 그 위용

새파란 혓바닥에 감겨버린
부둣가의 슬픈 전설들

오랜 시간의 아픔으로 이뤄낸 성곽, 이제는
파도를 즐겨이 먹고사는
사람들의 이야기로 변했다

향수

접동이 울어에는 향수어린 비탈봉에
검은 구름 내려앉아 적막함이 천 길인데
가버린 세월타령 가슴이 저려온다

진달래꽃 피어오른 비탈길 언저리에
필닐리 보릿고개 사연되어 흩갈릴 때
늘 푸른 어린 가슴 아픔만 서렸네라

할미당 고갯길에 고즈넉이 하직하고
바래움 발길 재촉 돌고돌아 흘러흘러
한 생이 무상타함이 인간사 필연이리

내과 병동에서

기구한 生의 강을 건너 온 그는
암 조직 검진을 하지 않겠다는 것이다
저승門을 앞당기는 짓거리라고

무심코 시간을 딛고 일어서서
태양만을 바라보며 力진해 왔던 그 날들이
생생하게 살아있기 때문이라는 것이다

자기 인식의 門이 열릴 때 쯤이면
자신만의 잣대질과 저울질의
카테고리에 갇히게 되면서
자기 최면에 빠져
그 마력에 좌우된다는 그는

기왕에
無心의 마력으로 생을 진행시켜 간다면
마지막 그 순간까지
후회스럽지 않을 것이라는
확고한 신념이었다

코스모스

강변 언덕받이에 코스모스 홀로 서 있다
곱게 단장하고 하늘거리며 서 있다

꿀단지도 열어 놓고
이쁘게 단장할 분가루도 열어 놓고
여정에 지친 온갖 나그네들 쉬었다 가라고

벌 나비 고추잠자리도 맴돌다 살포시 내려앉아
앞발로 단장하고 뒷발로는
속진을 털어낸다

마냥 하늘거리며 태空만 우러러
그리도 넉넉한 듯 파안대소 그 얼굴에
삼계의 숨소리가 그윽히 진동한다

우리는

세상에는 꽃보다 아름다운 것이 있다

장미의 붉은 열정이나
목련의 순백한 미소는
별이 뜨고 별이 지고, 어느 날
같이 지고마는 허상만 남길 뿐

청정 무구히 해맑은 영혼의 눈망울이나
길섶에서 흐느끼는
낙엽의 소리를 들을 수 있는
따뜻한 가슴이 있다

나신

아직 눈에 덮이지 않은 겨울땅에
앙상하게 뿌리 박은 나신들

찬 대기가 움직일 때마다, 허공에
핑그르르 맴을 돌며 나동그라지는
나신의 척추신경들

그것은
오늘만을 영위하는 나의 방법을
깊은 용광로에
영원히 잠재우는 찬가이러니

思惟樹

나무야, 푸르른 나무야!

그대는 지금
날카로운 톱니의 광풍에 잘리우고
숨막히는 화염에 유린 당하고 있구나

전위라는 카오스가 붉은 혈맥에 가득찬
나찰의 춤사위에 놀아나는
自傷의 범죄자들에게

나무야, 푸르른 나무야!
노여워도 애처로워도 하지 마라
시공을 뛰어넘는 혼백의 가락으로
시린 달빛 눈물 되어

밤의 심줄을 팽팽히 당겨
하늘과 땅의 가지런한
순백의 조율로 튕겨라

어둠이 찢어지며
이전의 소리로 넘치는 청대바람 일어
뒤틀린 사유를 꿰뚫는
始原의 수맥이 트이리니

우주의 소리
-삶 속에는

삶의 궤적에서 울려나오는
진쾌한 소리가 있다

성주괴공에 걸림이 없는 시간 위에서

대붕의 나래를 펴고
대천세계를 조요로히 활공하는
자재로운
맑은 영혼의 소리들

오늘도, 변함없는 율동으로
시공을 넘나드는 우리는
광명으로 장엄한
우주의 소리로 진동하고 있다

우주의 에너지

우리가 있는 이곳에는, 언제나
일곱색 찬란한 무지개 다리가 있다. 그리고
천도화의 미소도 있다

그것은, 영롱한 별빛을 머금은 야광주며
무량광으로 충만한 여의주다

산에도 들에도
어느 한 곳에도 없지 아니한 순백이며
나의 마음에 가득 찬
지혜로운 우주의 에너지다

4

오늘의 언어

마음의 고향

빗장이 없는 門은
안과 밖이 없다

오관의 허깨비 놀음들
허우적이는 알음알이들, 다 여의고
생각 한번 뒤집으면, 그 자리가
본래 내 고향인 것을

하늘은 여전히 푸르고, 강물 또한
옛 소리 머금은 채
유장하게 흐르는데

번득 번득거리는 마음은, 덧없이
오늘도 시공을 떠돈다

一葉 1

무언의 탑을 쌓는
저 홀로 긴 생명

마냥 하늘거리기만 하는
초연한 고독자여

一葉 2

풀벌레도 고이 잠든
교교한 달빛 아래
홀로 나부끼는 잎사귀 하나

영롱한 별빛에 젖어
적멸락이 그윽하다

깨어 있더이다

갈가마귀 허공을 깨치며 울어에는데
백발을 휘날리는 강변의 祖師들
적멸에 들었더이다

어머니의 호밋살에 찍혀 낭자한
통한의 시름이 절절하게 실려있는, 그 강물 또한
無心히 흘르고 있더이다. 그러나

해가 지고 별이 뜨고, 또 지고 뜨고
풀벌레 새소리 삼라에 그윽하여, 그 또한
언제나 젖어 있는 듯 하지만
천고에 길이길이
생생하게 깨어 있더이다

촛불

그것은, 칠흑의 토굴을 밝혀주는
희열의 빛이다

묵묵히 심신을 불태워
영묘하게 영글거리는
빛으로 다시 태어나

우주를 밝히는
자애로운 에너지가 되었으니

몰각성(沒却性)*

애오라지 불어오는 채갈색 바람이
살결을 어루만지던 어느 적요한 가을 밤
호박잎으로 시루구멍을 막고
고구마를 익혀주시던 어머니의 구수한 사랑

그러나 지금은
날카로운 메카니즘의 톱니바퀴에 짓뭉개진
휴머니스트의 일화

옛 이야기만 남긴 채 홀연히 사라져가고 있는
채갈색 바람의 사연일 뿐이다

*몰각성 : 인성이 짓뭉개지다

독백

제 나름의 율조 따라 무수히 오가던 길목

하늘문이 열리기 하루 전쯤이면
꽹과리 속으로 들어가는 그 늙은 무녀

이제는 神을 업는 구성진 목소리도
들어 볼 수 없는 그 곳에는
성긋거리는 잡초와
여기 저기 나뒹구는 土우들

이따금 찾아와 우짖는 이름 모를 산새를
의아스레 바라보다가 종내는
발걸음을 재촉하는
한두 사람의 행인이 있을 뿐

애오라지 불어오는 솔바람은
아무렇게나 덩그마니 떠 있는
흰구름 반점들을
서서히 율동시켰다

生長의 노래

–씨앗

검게 밀폐된 아스팔트 위에
바싹 말라 굴러다니는
생장점의 진통

맑고 시원한 수맥질 한 번 못하고
찌들어 망가진 뒤틀린 형상

어떤, 慧밝은 인연의 날
청량한 물길 타고, 천공에 무한히 흐르는
영혼의 생기 찾아
길다란 목줄을
삼매의 빛으로 뽑아올려
싱싱한 바람의 향기로
三界에 가득히 피어나리니

휴전선의 봄 1

여명이 트이어 오는
비운의 불모지에
찬연히 율동하는 안개의 무리가
손에 손을 마주잡고 평정되기 시작한다

봉긋 봉긋
가까운 거리를 두고
산봉우리들이
육중한 고개를 돌려
침묵의 긴 대화를 나누고 있노라면
개구리의 화음이
그 속으로 유파된다

하지만
봄 안개는 여전할 뿐이다

휴전선의 봄 2

겨우내
수 없는 시련과 싸워 온 나무들, 이제
무릉도원을 이루고 있어
잎사귀들의 애무로만 가득
영원으로 이미지가 이어져 있다

하지만, 이토록 오가지 못할
비운의 내 조국이라면, 너무
너무나 무자비한 숙명이 아닌가

민족의 피 맺히는 절규와
온정의 눈물이 교차되는 이 곳엔
이름 모를 철새들의 울음 소리만
스며들 뿐…….

천사의 정원으로만 영원 할 것인가

王 바다리

육각형으로 직조된 밀랍향기 안식처

곰살거리는 유충들의 진동수에 맞춰
생육의 진법을 펼치는 여왕벌
방방곳곳을 쉼없이 다독이며 경계한다

변사한 유체들은 색출하여, 그들만의
생존법칙을 적용한다
성장의 자양분으로 저장하는 것이다

그러나 어느 한 순간
개미군단의 침공으로 초토화 되어버린
六陣의 요새, 갈기 갈기 찢기어
진동수가 멈춰버린 저 많은 유체들

대자연의 냉엄한 생존의 밀어 앞에
종족보존의 능력을 상실한 그는
소리 없는 통곡을 안은 채
가물거리는 노구를 이끌지 못하고

대순환의 늪으로
낙하해버리고 만다

피안 頌

이제, 강 건너 언덕쪽에
무언의 고개 숙여
낮과 밤의 흥정꾼이었던
어젯 날의 이야기들 흘러보내고

허우적이는 삼라의 반야봉에
청정한 오색 깃발
이정표로 펄럭이리

오늘의 언어

카오스가 울부짖는 혼돈의 질서 속에
오늘도
여정은 계속 된다

어제가 오늘이며
내일이 오늘인
윤회의 경계에서

속진에 흠뻑젖은 무명의 옷을 벗어버리기 위해
무소의 뿔처럼,

혼자서 걷고 있다

波浪島 1

격랑이 인다
생살을 찢기우는 해변의 바윗자락

끝없는 찰나 속으로 스러져가는 고난의 시간도
아늑히 내려앉힌 고고한 그 자태

태곳적부터 끊임없이 이어오며
그리하면 아니된다는 듯
갈매기의 애절한 울부짖음도 아랑곳 없이

찰나에서 찰나로 끝내버리는
바다의 비열함 속에는
파도의 악랄함이 있었다

그러나 바다의 유희가 끝나버린
어떤 바위자락들의 모습은
절묘한 형상을 이루었음이니

이 또한 인고로 얼룩진
骨笛의 울림이리라

波浪島 2

새벽 이슬방울에 천 년의 그림자가 숨을 쉰다

생살을 난도질 당하는 아픔도, 가지런히
낮과 밤으로 교차시키며
포근한 심박에 끌어 묻어
본래의 진면목으로 승화시키는 슬기로운 지혜

격랑의 수레를 타고
억만겁을 돌고 돌아 왔어도
찬란히 펄럭이는 깃발 하나 세우려 하지 않고
환하게 트인 날, 황금빛살이 쏟아져도
추스름없이 초연한 자태

사납게 치닫는
계절풍이 이는 어느 때라도
패인 상처 그 흠에서는
바다의 푸른 꿈이 곰살거리고
떨어져 나간 바위의 속살, 그 자리에는
청태의 숨소리가
천연의 순리에 빨려들고 있다

一圓相

변화무쌍한 우주의 에너지, 오늘도
일탈을 꿈꾸며 자축을 흔든다

지표에 간신히 의지한 생명체들, 하나같이
허방에 걸려 하늘거리는 거미줄 신세다

地水火風 4대 원소로 조합된 인연의 집합체

不二門에 존립하는 모든 생명체들은
대우주가 함유하고 있는 교합된 물질로
에너지 파동에 따라 유영하는
가상물체로서의 同體라는 것, 하기에

사람으로서 긍정과 포용의 자세는, 극히
인간다운 下心의 미학이며
아름다운 꿈을 실현하는
대자비행으로서
참 나를 찾아가는 참다운 길인 것이다

|해설|

불교적 사유를 통한 길 찾기

-김상섭의 『無情說法』을 중심으로

강 경 호
(시인, 문학평론가)

한국시사에서 불교적 상상력을 보여주는 시의 전통은 1600여년의 역사를 가졌다. 불교문학사에는 신라에는 원효, 의상, 고려시대에는 의천, 지눌, 혜심, 충지, 천책, 경한, 보우, 혜근 등이 있으며 조선시대에 와서는 원진, 함허, 허응, 벽송, 청허, 정관, 사명, 중관, 청매, 부휴, 보응, 제월, 영월, 운속, 허백, 백암, 풍계, 상월, 천경, 용담, 도응, 대원, 영허, 범해, 경허 등 수많은 스님들이 있다.

이들은 수행의 실천적 제시, 선정적 시상과 지혜적 시상을 전개하거나 현실을 비판, 또는 자연을 노래하거나 인정과 승속간의 격의없음을 노래하였다. 이러한 전통은 면면히 이어져 오늘 한국문학에 그 뿌리가 깊이 박혀 여전히 많은 시인들이 불교적 세계관이 투사된 시를 쓰고 있다.

주지하다시피 불교의 선종(禪宗)은 부처님의 정신을 직

접 깨달아 성불(成佛)에 이르는 것을 목적으로 삼는다. 그렇기 때문에 선종 사찰 일주문을 들어서면 "입차문래 막존지해(入此門內 莫存知解)" 즉 "이 문을 들어서면 분별해서 알려고 들지 말라"라는 말이 가로막는다. 세간과 출세간의 경계가 다름을 알리고 있는 것이다.

분별은 서로 다른 것들을 비교하는 이성적 사유행위이다. 근본적으로 이것과 저것이 다르다는 차이를 전제로 하는 이원론에 바탕을 두고 있다. 선과 악에 대한 구별, 사실과 거짓에 대한 판단 등이 그것이다. 도덕적 태도에는 선이 악보다 우월하다는 가치관적 사고가 밑바탕에 깔려있다. 선종에서는 자연과 인간의 분별에서 인간 중심적인 우월성을 용납하지 않는다. 그러므로 인간과 벌레의 차이와 분별을 인정하지 않는 것은 당연한 일이다. 서로 잘나고 못남이 없는 것이다. 인간이 보다 우월하다는 인간 중심적인 사고는 인간의 오만함을 드러낼 뿐이다.

그러나 서구적 사유에서는 '주체'와 '타자'를 구분한다. 그렇기 때문에 자연을 재화적 가치로 바라보며 정복 대상으로 삼았던 것이다. 그 결과는 르네상스 이후 인간 중심적 사고의 팽배를 불러일으켜 오늘날 생태환경의 위기를 맞고 있는 것이다.

그렇지만 불교적 사유의 세계관에서는 '자아'와 '세계'의 관계를 연기(緣起)의 개념으로 인식한다. 우주삼라만상의 존재원리나 불성이 연기에 의해 이루어졌다고 인식하는 것은 이 세상 모든 것이 수많은 조건들이 서로 결합하여 발생한다는 상호의존적 개념을 세계관적 원리로 받아들이기 때문이다.

이러한 연기론적 사유는 이 세상 만물중에는 어느 것 하나 영원불변한 존재가 있을 수 없으며[諸行無常], 독립적 실체도 있을 수 없다.[諸法無我] 모든 사물이 평등하다는 것이다.[自他不二] 주체와 타자, 또는 중생과 나의 관계가 서로 다르지 않다는 생각은 자아와 세계가 한 뿌리에서 나왔다는[物我同根] 인식과 상통하는데, 주체와 타자를 구별하지 않고 평등한 관계로 보는 연기론적 태도의 실천행위를 자비(慈悲)라고 한다.

이렇듯 불교의 연기론과 자비론은 이 세상 살아있는 것과 죽어있는 것 모두를 평등하게 바라보며 자연과 사물을 비교대조하지 않는 세계관을 지녔다.

서구에서는 우주의 창조가 절대적이어서 일회적이라는 인식의 태도를 보여준다. 한번 파괴되거나 죽으면 다시 살아올 수 없다는 것이다. 그러나 불교에서는 우주의 창조와 파괴가 끊임없이 이어진다고 믿는다. 그러한 믿음의 바탕에는 불교의 윤회설이 있다. 전생의 행위결과에 따라서 이생의 삶이 결정되고 이생의 행위가 내생을 결정한다는 '업(業)'의 논리에 따른 것이다. 다시말해 이것이 업이 되어 반드시 결과를 낳는데 선인선과(善因善果), 악인악과(惡因惡果)로 나타난다. 다른 식으로 표현하면 인과응보(因果應報),

업보(業報)라고 말할 수 있다.

불교의 연기설과 윤회관은 우리의 삶과 의식에 많은 영향을 미쳐왔다. 뚜렷한 원인에 따라 결과가 발생한다는 연기설과 인간의 삶이 끊임없이 반복적으로 순환한다는 윤회관은 상상력을 극대화할 수 있는 조건이 된다.

앞에서 살펴본 불교적 상상력의 세계를 보여주는 것이 김상섭 시인의 시적 세계이다. 그동안 발표한 그의 시집들은 모두 이러한 세계관의 범주에서 이해할 수 있다. 그런 까닭에 이동순은 그의 시세계에 대해 '카오스로부터 해방, 적멸을 향한 하심(下心)의 시학'이라고 하였다. 이번에 펴낸 김상섭 시인의 시집 『無情說法』 또한 이러한 경향에서 벗어나지 않고 그 연장선상에 있다.

김상섭 시인은 경쟁을 일삼으며 물질과 자본을 탐하며 자연을 재화적 가치로 인식하는 인간의 탐욕이 충천하는 오늘을 카오스로 인식하고 있다. 그렇기 때문에 이를 극복하기 위해서는 우주의 모든 존재들이 평등하며, 무정물을 포함하는 모든 것들의 뿌리가 하나라는 인식의 전환이 필요하다고 시를 통해 들려주고 있다. 그러기 위해서는 서두에 밝힌 불교적 세계관으로 삼라만상을 바라보아야 한다고 생각한다. 이러한 그의 인식은 마침내 적멸의 세계를 꿈꾸며 자신의 삶을 그 길로 안내하고 있다. 적멸의 세계에 들기 위해 김상섭 시인은 '하심(下心)'을 통해 마음을 비워내야 한다는 인식을 갖고 있다. 이는 서구의 이성론적인 사고로는 하심할 수 없으며 적멸의 세계에 들 수 없음을 말하는데, 오늘날 인간의 삶을 이끄는 자본주의라는 시스템에 대한 저항이기도 하다. 이러한 김상섭 시인의 시세계가 전지구적으로 고심하고 있는 생명, 환경에 대한 관심에 다가갈 수 있는 것이다.

먼저 김상섭 시인이 바라보는 인간세계에 대한 인식과 이에 대응하는 방식을 들여다 보도록 한다.

카오스가 울부짖는 혼돈의 질서 속에
오늘도
여정은 계속 된다

어제가 오늘이며
내일이 오늘인
윤회의 경계에서

속진에 흠뻑젖은 무명의 옷을 벗어버리기 위해
무소의 뿔처럼,

혼자서 걷고 있다

-「오늘의 언어」 전문

"카오스가 울부짖는 혼돈의 질서"라고 첫말을 꺼낸다. 물론 우주의 생성은 빅뱅이라는 대혼돈으로부터 시작되었다. 대혼돈은 그냥 혼돈으로 영원하지 않는다. 억겁의 시간이 지나면서 안정이 되면서 우주의 별들은 순항을 한다. 기독교의 창조론적인 관점에서 바라보면 언젠가는 우주가 파괴되어 사라져야 하지만, 그러나 우주는 끊임없이 팽창하면서도 별들은 생로병사의 과정을 겪으며 사라지지만 사라지지 않는다. 파괴된 별들이 다시 별로 탄생하기 때문이다. 이러한 인식은 불교에서 말하는 연기론(緣起論)과 윤회설(輪回說)이 맞아 떨어지는 대목이다.

이 작품에서 '카오스'는 앞에서 말한 혼돈 뒤의 안정을 가리키기도 하지만, 인간세계의 혼돈을 지적한다. 이는 김상섭 시인이 오늘의 인간세계를 어떻게 바라보는지를 말해준다. "어제가 오늘이며/ 내일이 오늘인/ 윤회의 경계"란 시인의 삶을 의미한다. 연기론에 의하면 이번 생의 결과에 따라 다음 생에 무엇으로 태어날 것인가가 결정되기 때문에 이번 생과 다음 생의 경계에 서있는 것이며, 이번 생에서는 사람으로 태어났지만 다음 생에서는 또다른 무엇으로 태어날 것인지 결정되므로 앞뒤 생의 경계를 사는 것이다. 그러므로 화자는 지금 "오늘도/ 여정의 행진은 계속된다"고 말할 수 있는 것이다.

그런데 화자는 "속진에 흠뻑 젖은 무명의 옷을 벗어버리기 위해/무소의 뿔처럼,// 혼자서 걷고 있다"고 말한다. 모순과 부조리로 얼룩진 세상의 번뇌 속에서 살아온 화자 자신 삶을 성찰하며 그것에서 벗어나고자하는 의지를 보여준다. 그래서 화자는 "혼자서 걷고 있"는 것인데, '혼자'라는 언표에는 번뇌를 물리치고 무상(無想)의 경지에 이르고자 하는 화자의 모습이 투사되어 있다.

김상섭 시인의 연기론적인 사유의 세계를 보여주는 시편들이 많이 눈에 띈다.

새의 눈물을 볼 수 없듯이
꽃의 웃음소리를 들을 수 없듯이

그대의 心곡에 흐르는 물소리 또한
들을 수 없다

그러나, 계절풍을 느낄 수 있듯이
꽃숲의 황홀을 느낄 수 있듯이

우리는, 본래 청정하게 빛나는
우주의 별이기에
서로를 느낄 수가 있다

-「우주의 별이기에」 전문

지구상에는 수많은 생물의 종이 살고 있지만 새가 지저귀는 소리를 알 수 없고, 나무가 무슨 생각을 하는지도 알 수 없다. 그렇듯이 "새의 눈물을 볼 수 없"다. 새의 슬픔이 무엇인지를 사람은 알 수 없는 것이다. 뿐만 아니라 "꽃의 웃음 소리를 들을 수 없"다. "그대의 心곡에 흐르는 물소리 또한" 당연히 들을 수 없다. 그렇지만 "계절풍을 느낄 수 있" 고 "꽃숲의 황홀을 느낄 수 있"다. "우리는, 본래 청정하게 빛나는/ 우주의 별이기에/ 서로를 느낄 수가 있"는 것이다. 겉으로 보기에는 만물이 생김새가 다르고 언어가 다르지만, 우주의 삼라만상은 본래 별이었으며 별에서 생겨났다.

그렇다면 삼라만상은 한 뿌리를 둔 형제라고도 할 수 있다. 연기론적 사유를 보여주는 이 작품의 메시지대로 인간이 아닌 다른 종들을 함부로 해치지 않을 것이다.

이렇듯 연기론적인 삶을 살아가는 시인은 다음과 같이 노래할 수 있었을 것이다.

칠흑의 어둠이 내리면, 창유리에
태곳적 옛 임이
광명을 발산하는 여의주를 흔들며 손짓한다

은밀히 간직했던 비상의 나래를 펴고
내밀한 그곳까지 날아든다

안온한 오온(五蘊)*이 心혼을 감싼채
마음이 다 해버린 그 자리 그 곳에서
백팔무 수놓으며 조요로히 활공한다

-「百八舞」 전문

"칠흑의 어둠이 내리면, 창유리에/ 태곳적 옛 임이/ 광명을 발산하"는 것은 우주의 이치이다. 해가 기울면 달이 차오르고 이윽고 달이 지면 해가 또다시 떠오른다. 이 불변의 영원한 우주의 질서 속에서 "은밀히 간직했던 비상의 나래를 펴고/ 내밀한 그곳까지 날아든다" 속속들이 해나 달이 칠흑의 어둠을 밝히는 것이다. 이러한 진리 속에서 인간은 끊임없이 "안온한 오온(五蘊)이 心혼을 감싼"다. 여기에서 "안온한 오온이 심혼을 감"싸는 존재는 수행자이다. 아니 수행자라고 말하지 않아도 된다. 이는 인간의 마땅한 도리이기 때문이다. '오온(五蘊)이란' 불교 근본사상의 하나로 세계를 창조하고 구성하는 다섯가지를 말함인데, 색(色)은 육체, 수(受)는 감각, 상(想)은 상상(想像), 행(行)은 마음의 작용, 식(識)은 의식을 뜻한다. "오온이 심혼을 감싼 채/ 마음이 다해버린 그 자리 그곳에서/ 백팔무 수놓으며 조요로히 활공"하는 것은 그 중심에 '유심(唯心)'이 깃들어 있는 까닭이다. 알다시피 유심은 우주의 모든 존재는 마음의 표현이며 이것을 떠나서는 존재하는 것이 없고 마음은 만물의 본체로써 유일한 실재(實在)를 말한다. 즉 "마음이 다해버린" 지점, 즉 적멸(寂滅)에 들었음을 뜻한다. 인간세계의 108가지의 번뇌를 잊기 위해 백팔무를 추는 것처럼 해가 뜨고 지고, 달이 뜨고 지고 하는 우주의 질서는 인간이 번뇌를 잊고자 백팔무를 추는 것과 다름없는 것이다.

그렇다면 존재들은 어떤 존재방식의 과정을 겪으며 인연의 고리를 잇고 있는가.

태초부터 이 곳에 있었다

어느 날, 풍우조화로 굴러 떨어져
어울리지 않게 검은 속살을 뽐내던
쪼개진 바위

내부에서 울림이 일기까지
얼마나 많은 날들이 흘러야 했던가

아무도 가까이 하지 않던 바윗돌

그 하얀 외로움을 달래주던 바람은
소리없이 이끼를 물고 왔고, 정수리에서는
이름 모를 산새들이 조잘거렸다

솔바람 그늘이 드리워진, 아늑한 그 품에는
천 년의 숨소리가 진동하고 있었다

-「無情說法」 전문

자연은 "태초부터 이곳에 있었다"라는 진술은 연기론의 자타불이(自他不二), 물아동근(物我同根), 제법무아(諸法無我)에서 연유한 것으로 보아도 무방하다. 즉 주체와 타자, 또는 중생과 나의 관계가 서로 다르지 않고, 자아와 세계가 한 뿌리에서 나왔으며, 독립된 실체도 있을 수 없다는 생각이 깃들어있다. 그렇기 때문에 삼라만상은 우주이기 때문에, 또는 우주를 떠날 수 없는 하나의 몸이기 때문에 빅뱅 이전부터 앞으로 다가올 시간 속에서도 영원하는 것이다.

그런데 이처럼 영원불변의 자연은 "어느날, 풍우조화로 굴러떨어져/ 어울리지 않게 검은 속살을 뽐내던// 내부에서 참으로 오랫동안 많은 날들이 흘러" "바윗돌"로 남아 있다. 바윗돌 뿐이겠는가. 삼라만상이 다 이러한 과정을 겪었거나 겪고 있는 것이다. 오랫동안 "아무도 가까이 하지 않던 바윗돌"이지만 바람은 "바윗돌"의 외로움을 달래주었다. 그 결과 마침내 "소리없이 이끼를 몰고 왔고, 정수리에서는/ 이름 모를 산새들이 조잘거렸다" 새로운 생명이 찾아오는 인연을 맞은 것이다. 우리가 날마다 만나는 한때 바위였던 흙은 이러한 과정을 통해 나무나 풀 등 다른 것들과 인연을 갖게 된 것이다. 그러므로 화자는 "솔바람 그늘이 드리워진, 아늑한 그 품에는/ 천 년의 숨소리가 진동하고 있"다며 생명이 숨쉬는 바위, 아니 바위였다가 오랜 세월이 지나 흙이 되어 소나무를 키우게 되었음을 말하고 있는 것이다. 이처럼 자연은 말을 하지 않지만 자신의 모습에는 많은 기억과 언어가 함축되어 있다. 자연은 입으로 말하지 않지만 생긴 대로 침묵의 말을 들려준다.

김상섭 시인은 끊임없이 참된 자아를 찾기 위해 정진수행하는 모습을 보여준다.

무엇인가 알 수 없다던 그 날

한 잎이 트이려는 진통, 그것은
기어이 겪어야만 되는 것이리라

그것들, 그것만이 내가 할 수 있는 것이라면,
나의 본래 모습을 보는 것
오직, 그 뿐인 것이다

-「오직, 그 뿐이다」 전문

생명체의 생성에는 고통이 수반된다. 그것을 시인은 "한 잎이 트이려는 진통"이라고 말하고 있지만 이는 단순히 식물의 새싹이 트는 것이나, 동물이 어머니에게서 잉태되어 세상에 나오는 것만을 말하지 않는다. 번뇌로 가득찬 마음을 비우고 유심에 이르려는 것을 의미하기도 한다. 여기에서 "진통"은 인간이면 누구나 겪어야 하는 과정이다. 그래서 "기어이 겪어야만 되는 것이"라고 말할 수 있는 것이다. 그래야만, 유심의 경지에 이르렀을 때 "나의 본래 모습을 보는 것"이다. 그렇지 못할 때는 "무더기 가운데 한 떨기"일 뿐이며, "무엇인가 알 수 없"는 존재로 남을 수밖에 없다. 모순과 부조리 속에서 번뇌를 하며 "한 잎이 트이려고 진통"하는 것이야말로 카오스에서 해방이 되고 비로소 하심이 완성된다고 말할 수 있다.

그런데 시인은 "한 잎이 트이려는 진통"만이 자신이 할

일이어서 "나의 본래 모습을 보는 것"인데, "오직, 그 뿐인 것이"라고 한다. 인간의 실존방식을 분명하게 선언하는 시인의 의지를 확고하게 드러내 보인 대목이다.

이러한 "진통" 끝에 만나는 세계는 어떤 세계일까. 유심에 이른 세계는 참으로 아름답지 않을까.

세상에는 꽃보다 아름다운 것이 있다

장미의 붉은 열정이나
목련의 순백한 미소는
별이 뜨고 별이 지고, 어느 날
같이 지고마는 허상만 남길 뿐

청정 무구히 해맑은 영혼의 눈망울이나
길섶에서 흐느끼는
낙엽의 소리를 들을 수 있는
따뜻한 가슴이 있다

-「우리는」 전문

삼라만상의 현상적 존재는 실은 아무런 의미가 아닐 수도 있다. 형상은 마음의 표현일 뿐이기 때문이다. 번뇌와 탐욕에서 헤어나지 못하는 존재는 현상적인 모습으로 나타나기 때문에 중요한 것은 마음의 문제인 것이다. 그렇기 때문에 시인은 "세상에는 꽃보다 아름다운 것이 있다"고 말한 것이 아닐까. '꽃'이라는 현상적 존재를 우리는 "아름답다"고 말한다. 그런데 실상은 꽃이 아름다운 마음을 지녔기 때문에 현상적으로 아름답게 보인이는 것이라고 말하는 것이리라.

"장미의 붉은 열정", "목련의 순백한 미소" 이렇듯 눈에 보이는 물질의 현상도 "별이 뜨고 별이 지고, 어느날" "같이 지고 마는 허상만 남길 뿐"이라는 인식에 도달하게 된다. 그래서 화자는 "청정무구히 해맑은 영혼의 눈망울이나/길섶에서 흐느끼는/ 낙엽의 소리를 들을 수 있는/ 따뜻한 가슴이 있다"고 말할 수 있는 것이다. "청정무구히 해맑은 영혼"은 눈에 보이는 것이 아니다. 그것들은 마음 속에 깃들어 있기 때문이다. 더불어 화자는 "길섶에서 흐느끼는/ 낙엽"의 처지까지 들을 수 있는 존재가 "우리가" 되어야 한다고 말할 수 있는 것이다. 그런 세상, 참으로 아름답고 좋은 세상이 아닐 수 없다.

번뇌와 탐욕이 없는 존재를 꿈꾸고 있지만 그러나 마음먹은대로 그러한 경지에 들기는 참으로 어려운 일이 아닐 수 없다. 그래서 끊임없이 정진 수행하기 위해 자신을 통찰하고 성찰한다.

빗장이 없는 門은
안과 밖이 없다

오관의 허깨비 놀음들

허우적이는 알음알이들, 다 여의고
생각 한번 뒤집으면, 그 자리가
본래 내 고향인 것을

하늘은 여전히 푸르고, 강물 또한
옛 소리 머금은 채
유장하게 흐르는데

번득 번득거리는 마음은, 덧없이
오늘도 시공을 떠돈다

-「마음의 고향」 전문

사바세계에는 수많은 문(門)들이 있다. 문학적 상징으로써 '문'은 열림과 소통의 기표(基表)이다. 그러므로 문은 경계가 없어 타자와 세계가 마음대로 소통할 수 있으며 격의 없는 평등의 지점이다. 그래서 "빗장이 없는 門은/ 안과 밖이 없다"고 말할 수 있는 것인데, 문이 없는 존재는 "오관의 허깨비 놀음들/ 허우적이는 알음알이들, 다" 버릴 수 있다. 경계가 없으므로 쉽게 "생각 한번 뒤집"을 수 있는 것이다. 그랬을 때 바로 그 지점이 "본래 내 고향인 것"이어서 그곳에 갈 수 있다. '고향'은 번뇌와 탐욕이 없는 순수하고 무구한 세계여서 끊임없이 마음수행을 통해 그곳에 이르고자 한다.

화자는 고향을 떠나있다. 다시 말해 탐욕스러운 마음으로 마음 속에 번뇌가 가득 차있기 때문에 괴로워하는 상태이다. 그렇기 때문에 "오관의 허깨비 놀음"에 빠진 존재는 그곳을 빠져나와 해방되고자하는 것이다.

그런데 문득 깨달음을 얻은 존재는 우연한 기회에 고향을 생각하고 그곳으로 가고자한다. 다시 바라보니 고향의 "하늘은 여전히 푸르고, 강물 또한/ 옛 소리 머금은 채/ 유장하게" 흘러가고 있다. 한동안 잊고 있었지만, 화자의 내면에서는 그리워했던 풍경이 아닐 수 없다. 그렇지만 화자가 고향을 바라보지만 사바세계의 온갖 것들을 떨쳐버리지 못해 "번득번득거리는 마음"이고 "오늘도 시공을 떠"도는 것이다.

진심어린 인간적인 고백은 아마 생이 다할 때까지 계속될지도 모른다. '고향'으로 상징되는 적멸의 세계에 쉽게 다가가기가 힘든 까닭이다.

그렇다면 고향에 이르려는 김상섭 시인의 마음은 어떤 것일까. 끊임없이 마음수행하면서 자신에게 죽비같은 법(法)을 들려주고 있는 것은 아닐까

야. 이눔아!
워째서 자꾸 남의 탓만 하능겨!
니 맴 속에서 헐떡거리는
그 도깨비 같은 놈을 잘 다스리란 말여!
이. 허깨비 같은 녀석아!

-「一切唯心造 1」 전문

야반삼경
창문에 드리워진 둥그런 만월이
가슴에 파고들어
니 마음을 보라 하네

-「一切唯心造 2」 전문

오욕과 번뇌에 빠진 화자는 스스로 마음으로 묻는다. "야, 이눔아!/ 워째서 남의 탓만 하는겨!" 하고 말이다. 이는 화자의 마음이 적멸에 들지 못했기 때문인데 인간이기에 시기와 질투, 그리고 남의 탓을 한 까닭이다. 이는 카톨릭에서 '내탓이오'라고 자신의 성찰을 일깨우는 말씀과 같은 것이다. 남의 탓으로 여기는 마음은 비겁하고 비굴한 마음이라 이러한 마음을 갖게 한 것은 "맴 속에서 헐떡거리는/ 그 도깨비같은 놈" 때문이다. 이에 화자는 스스로에게 "잘 다스리란 말여!"하고 모든 번뇌가 자신의 마음으로부터 비롯됨을 자성하게 한다. 그래서 "이 허깨비 같은 녀석"이라고 자신을 꾸짖을 수 있는 것이다.

삼라만상의 형상은 그것들이 지니고 있는 마음으로 빚어진 것들이다. 그러므로 모든 형상은 그 자체가 언어이다. 말은 하지 않지만 말을 들려준다. 그러나 자신을 들여다보지 못한 깨달음이 없는 존재는 삼라만상이 들려주는 말씀을 듣지 못한다.

그런데 화자는 "야반삼경/ 창문에 드리워진 둥그런 만월이/ 가슴에 파고"드는 것을 알게 된다. 보름달은 무엇인가가 충만한 상태를 상징한다. 이 때 충만함은 모든 것을 비웠을 때 가능한 일이다. 보름달이 화자의 "가슴에 파고"드는 것은 보름달이 전하는 묵언의 메시지를 읽은 까닭이다. 보름달은 어둠이 가득한 화자의 마음 속을 환하게 비추며 세례하듯 정화시킨다. 보름달이 "니 마음을 보라"는 말씀을 듣는 바로 그 순간, 깨달음이 오고 화자는 적멸에 드는 것이다.

다음의 작품 「波浪島 2」는 김상섭 시인이 꿈꾸고 지향하는 지점으로 그가 시를 수행의 한 방편으로 삼은 것을 극명하게 보여준다.

새벽 이슬방울에 천 년의 그림자가 숨을 쉰다

생살을 난도질 당하는 아픔도, 가지런히
낮과 밤으로 교차시키며
포근한 심박에 끌어 묻어
본래의 진면목으로 승화시키는 슬기로운 지혜

격랑의 수레를 타고
억만겁을 돌고 돌아 왔어도
찬란히 펄럭이는 깃발 하나 세우려 하지 않고
환하게 트인 날, 황금빛살이 쏟아져도
추스름없이 초연한 그 자태

사납게 치닫는
계절풍이 이는 어느 때라도
패인 상처 그 흠에서는
바다의 푸른 꿈이 곰살거리고
떨어져 나간 바위의 속살, 그 자리에는
청태의 숨소리가
천연의 순리에 빨려들고 있다

-「波浪島 2」 전문

화자는 바다 위에 떠 있는 파랑도를 본다. 파랑도라는 섬은 거친 파도 속에서 오랜 세월 깎이고 패인 풍화작용을 견디며 묵묵히 견뎌온 존재이다. 시인은 그저 하나의 섬만을 본 것이 아니어서 파랑도라는 섬을 통해 파랑도라는 은유에 숨겨진 기의(基意)를 읽는다.

오랜 세월 견뎌왔기 때문에 "새벽 이슬방울에 천 년의 그림자가 숨을 쉰다"고 말하는 화자는 "생살을 난도질 당하는 아픔" 속에서도 이를 견디며 "본래의 진면목으로 승화시키는 슬기로운 지혜"를 볼 수 있다. 파랑도에서 이러한 진면목을 발견해낼 수 있었던 것은 파랑도가 "격랑의 수레를 타고/ 억만겁을 돌고 돌아"오는 동안 "찬란히 펄럭이는 깃발 하나 세우려 하지 않고" "추스름 없이 초연"했기 때문이다. 그러나 오늘 화자가 바라보는 파랑도는 "패인 상처" "떨어져 나간 바위의 속살"을 지녔다. 그런데 자신의 존재를 드러내놓지 않는 겸손으로 인해 오히려 "청태"를 키우고 있으니, 상처가 생명이 된 것이다.

지금껏 살펴본 것처럼 김상섭 시인은 시를 통해 끊임없이 적멸보궁을 찾아 사바세계의 거친 길을 걸어가는 모습을 보여주었다.

그에게 시(詩)는 적멸보궁을 찾아가는 하나의 도구일 뿐 더 이상도 아니고 이하도 아니다. 더불어 그가 시라는 형식을 통해 말하는 것들을 실천하고자 하기 때문에 그에게 시는 실천덕목이다. 그러므로 그의 시쓰기는 "사람으로서 긍정과 포용의 자세"를 지니는 "인간다운 下心의 미학이며/ 아름다운 꿈을 실현하는/ 대자비행으로서/ 참 나를 찾아가는 참다운 길"(「一圖相」)인 것이다.

이러한 그의 마음을 담은 시 「一圓相」을 다시 읽는다.

변화무쌍한 우주의 에너지, 오늘도
일탈을 꿈꾸며 자축을 흔든다

지표에 간신히 의지한 생명체들, 하나같이
허방에 걸려 하늘거리는 거미줄 신세다

地水火風 4대 원소로 조합된 인연의 집합체

不二門에 존립하는 모든 생명체들은
대우주가 함유하고 있는 교합된 물질로

에너지 파동에 따라 유영하는
가상물체로서의 同體라는 것, 하기에

사람으로서 긍정과 포용의 자세는, 극히
인간다운 下心의 미학이며
아름다운 꿈을 실현하는
대자비행으로서
참 나를 찾아가는 참다운 길인 것이다

-「一圓相」 전문

김상섭 시집

無情說法

2014년 11월 1일 인쇄
2014년 11월 10일 발행

지은이 | 김 상 섭
펴낸이 | 강 경 호
인쇄 · 기획 | 도서출판 시와사람
등록 | 1994년 6월 10일 제 05-01-0155호
주소 | 광주시 동구 백서로 125번길 32-5(금동)
전화 | (062)224-5319
팩스 | (062)225-5319
E-mail | jcapoet@hanmail.net

ISBN978-89-5665-411-9 03810

값 10,000원

· 지은이와의 협의로 인지를 붙이지 않습니다.
· 이 책은 한국예총연합회 나주지부에서 제작비 일부를 지원받았습니다.
· 잘못된 책은 바꾸어 드립니다.

공급처 ■ 한국출판협동조합
경기도 파주시 탄현면 오금리 202번지
주문전화 (02)716-5616, 070-7119-1740